NOS COLLABORATEURS

DE

LA PRÉVOYANTE DE FRANCE

La **Question sociale** ne peut être résolue que par la création d'*Institutions vraiment sociales*, c'est-à-dire d'*Institutions* qui donnent à tous le moyen facile et pratique de remplir le double devoir qui s'impose à chaque homme ici-bas :

Assurer l'avenir de ceux qui lui sont chers pour le jour où il viendra à disparaître;

Assurer son avenir personnel, pour ne pas être à charge ni aux siens ni à la société, le jour où l'âge et le travail le forceront à un repos absolu.

B. d'ARS.

LILLE

Imprimerie A. MASSART, rue des Prêtres, 12

1894

« *On comprend que dans les assurances en cas*
» *de décès, qui comportent des engagements à*
» *longs termes, contractés par un assureur qui*
» *peut, à un moment donné, devenir insolvable,*
» *une réglementation s'impose en vue de sauve-*
» *garder les intérêts du public, mais dans l'espèce*
» **(à la Prévoyante de France),**

» ## les Assurés ne courent aucun risque

» *puisque le capital statutaire est formé au mo-*
» *ment du décès par chaque adhérent survivant*
» *du groupe auquel appartenait le défunt, et*
» *délivré immédiatement à ses ayants droit.* »

LA PRÉVOYANTE DE FRANCE

> Une société d'assurances à primes, qui n'aurait en vue que le seul intérêt de ses actionnaires, serait une société que l'autorité publique ne devrait pas tolérer.
>
> Ad. DEVOS.

Ne peuvent être considérées comme **institutions sociales véritables** que celles qui ont pour but l'amélioration du sort moral, intellectuel et physique de la classe la plus nombreuse et la plus pauvre.

C'est dans ces institutions seules que se trouve la solution à la **Question sociale** qu'il serait ridicule de nier; elle pouvait ne pas exister il y a quinze ans; aujourd'hui les évènements se chargent de donner un éclatant démenti à l'aveugle qui ne la voit pas ou à l'intéressé qui la nie.

Oui, la société souffre. Pourquoi? Parceque le Paupérisme l'étreint, parce que l'on n'encourage pas assez ces institutions dont le but est l'amélioration de la classe pauvre.

Cependant que de remèdes n'a-t-on pas essayés?

Que de systèmes n'a-t-on pas préconisés? Caisses de retraites, Sociétés de prévoyance, Associations d'épargne etc, etc, tout a été mis en œuvre : *et le résultat reste nul.*

En pratique, la Question Sociale n'a pas fait un pas; plus que jamais elle est brûlante. Pourquoi? Le public serait-il réfractaire ? Refuserait-il de comprendre ses intérêts véritables? Non. Le public ne se désintéresse jamais de ce qui peut lui être utile; les grandes découvertes modernes en sont la preuve. Mais alors pourquoi passe-t-il indifférent à côté des remèdes qui lui sont offerts? *Parce que ces remèdes, qui tous se ressemblent au point de n'en faire qu'un seul, sont impuissants à guérir le mal dont il souffre:* **ils sont incomplets.**

Chacun ici bas a une affection, est rattaché à un être vivant, soit par les liens du sang, soit par ceux de la reconnaissance, de la pitié, de la charité ou de la philanthropie. Quel est celui d'entre nous qui oserait dire : Je n'ai pas d'affection. — L'avenir d'aucun être ne m'intéresse. — Après moi la fin du monde ?

Nous avons donc tous un double devoir à remplir : *Assurer* notre avenir personnel pour le jour où l'âge nous forcera à un repos absolu, afin de n'être à charge ni aux nôtres, ni à la Société ; *assurer* l'avenir de ceux qui nous sont chers pour le jour où nous viendrons à leur manquer.

Or, de tous les moyens qui nous ont été offerts jusqu'à ce jour, en trouve-t-on un seul qui nous permette de remplir ce double devoir auquel aucun de nous n'a le droit de se soustraire? Non.

Toutes les Caisses de retraites, Sociétés de prévoyance, Associations d'épargne, etc, garantissent bien notre avenir personnel; mais l'avenir des êtres que nous aimons, de ces enfants, de ces vieux parents, de ces serviteurs dévoués que notre mort peut à chaque instant laisser aux prises avec la misère, qui le garantit?

La famille cependant est une unité : le salaire du père ne lui appartient pas en propre;

il n'a pas le droit

d'en distraire une partie à son profit exclusif et personnel. Et quand il aura versé, ce père de famille, dans les caisses de retraites 12 ou 15 francs annuellement pendant 25, 30 ans ou plus, s'il vient à mourir, à quoi vont servir ses versements? *A faire des rentes à d'autres sociétaires qui lui étaient complètement inconnus, pendant que souvent sa femme et ses enfants se trouveront désarmés dans la grande lutte pour la vie.*

Il faut à la Question Sociale un remède plus complet : il faut des Associations qui, avec la garantie de l'avenir du chef, donnent la garantie de l'avenir de la famille ; **il faut des institutions qui fournissent à la jeunesse la dignité de la vie, à la vieillesse la dignité de la mort.**

C'est pour remplir cette double mission qu'est née **La Prévoyante de France.**

Étrangers à toute idée de spéculation, ses fondateurs n'ont eu qu'un but : Être utiles à la classe la plus nombreuse, partant à la société toute entière.

Aussi n'ont-ils aucun doute que de l'examen de leur œuvre, il ne résulte pour chacun la certitude qu'elle mérite, sous tout rapport, l'attention et les encouragements des classes dirigeantes, des hommes qui ne peuvent demeurer indifférents à la « Chose Publique », *rei publicæ.*

Tout ce que notre France renferme d'hommes, VIRI, ne peut passer indifférent à côté de LA PRÉVOYANTE DE FRANCE.

Une combinaison d'une simplicité enfantine, mise en pratique par **La Prévoyante de France,** fournit la garantie facile de ces deux avenirs dont nous venons de parler.

Mille individus se groupant et s'engageant à verser chacun 5 francs au décès de l'un d'eux, fournissent 5.000 francs, donc la famille ne sera pas dans la misère. Qu'au lieu de verser 5 francs, ces mille individus versent chacun 6 francs. Après le prélèvement des 5,000 francs par la famille du décédé, il restera

1,000 francs, qui, placés à intérêts composés et déposés à la Banque de France, pendant vingt ans, fourniront, aux vieux sociétaires survivants, une caisse de prévoyance et de retraites, leur permettant de passer tranquillement leur vieillesse, sans être à charge, ni à leur famille ni à la société.

Quelle objection sérieuse pourrait-on opposer à une combinaison aussi simple, aussi claire? Aucune.

Veut-on, du reste, savoir comment **La Presse**, sans distinction d'opinion, juge l'œuvre de **La Prévoyante de France** et le but philanthropique qu'elle poursuit : voici, pris au hasard, quelques extraits des journaux les plus en vue sur une société dont le système est exactement le même.

Nous remplaçons le nom de la société par celui de **La Prévoyante de France** et nous citons textuellement :

LE FIGARO

Parmi les œuvres **philanthropiques** les plus intéressantes, nous pouvons citer une ingénieuse association qui fonctionne depuis quelque temps sous le titre de « **La**..... **Prévoyante de France** ».

La..... **Prévoyante de France** est une société de prévoyance qui, en cas de mort, fournit aux ayants droit du décédé une somme déterminée : 5,000, 10,000, 25,000 ou 50,000 francs, selon la participation de la personne disparue.

L'idée des fondateurs est d'ailleurs si accessible que, depuis deux ans, après la publication d'un premier article, on a reçu au siège de l'administration un grand nombre d'étrangers, désireux d'établir dans leurs pays des associations semblables.

La..... Prévoyante de France est une de ces œuvres auxquelles tout père de famille devrait demander la tranquillité de sa conscience.

La Prudential, une société de ce genre en Angleterre, comprend

Neuf Millions de Membres

Il faut savoir gré aux fondateurs des efforts qu'ils font pour doter la France d'une société sérieuse qui assure aux participants la dignité de la mort, aux hé.itiers la dignité de la vie.

L'ÉCHO DE PARIS

Au moment où le Gouvernement prépare une loi ayant pour but de faciliter la création et le développement des associations de travailleurs, nous croyons devoir entretenir nos lecteurs d'une Société d'un genre tout nouveau en France et dont le Ministre de l'Intérieur a dernièrement autorisé les Statuts.

On comprendra, sans peine, l'importance des services que peut rendre une pareille association. La mort du chef de famille est l'évènement qui cause le plus de perturbation dans les intérieurs. Chacun le sait. Combien peu, cependant, s'y préparent!

Nous ne saurions trop recommander aux mères de famille de la classe laborieuse dont les enfants ne sont pas encore en état de gagner leur vie, de conseiller à leurs maris d'adhérer à **La..... Prévoyante de France.**

En agissant ainsi, elles rempliront un devoir à l'égard d'elles-mêmes et de leurs enfants.

LE RADICAL

Je me réserve de parler avec détails d'une œuvre qui, par son originalité, par ses moyens et par son but, semble appelée à un succès sans précédents.

Il s'agit d'un système entièrement nouveau d'assistance, je dirai d'assurance mutuelle en cas de décès : et ce qui frappe tout d'abord, c'est la suppression du capital qui est devenu inutile.

Jusqu'à aujourd'hui, les compagnies d'assurances et les tontines seules avaient le privilége de prévoir le cas de décès.

Personne ne s'était dit encore en France : Si nous formions un groupe de 2,000 personnes et que chaque survivant donnât aux héritiers de chaque décédé la modeste somme de 20 sous, ces héritiers recevraient 2,000 francs. C'était très simple. C'est peut-être pour cela qu'on n'y avait pas songé. Or, ce système de groupement par 1,000 à la fois est celui adopté par la **La..... Prévoyante de France.**

L'ORPHÉON

Nous serions heureux de voir toutes les Sociétés Chorales et Instrumentales entrer dans cette Association. C'est l'œuvre de solidarité la plus utile et la plus pratique que nous connaissions. Nous serions ainsi convaincus qu'en cas de décès de notre part, aucun de ceux que nous aimons ne serait exposé à l'indigence et à s'en remettre à la compassion et à la charité d'autrui. C'est une œuvre de solidarité nationale qui se fonde, nous ne saurions y rester étrangers.

LE VOLTAIRE

La..... Prévoyante de France offre à tous, sur une forme nouvelle de l'assurance sur la vie, une forme plus accessible aux gens de condition modeste, plus démocratique, en un mot, que celle généralement pratiquée. **La..... Prévoyante de France** introduit en France un système pratiqué aux États-Unis par plus de quatre millions de personnes.

JOURNAL DU XVIIᵉ ARRONDISSEMENT

L'étranger et notamment l'Angleterre, qui nous a devancés dans la voie de ce genre de création, n'a rien produit d'aussi ingénieux que **La..... Prévoyante de France.**

La Prudential, société anglaise, arrive à donner 250 francs au décès pour un versement annuel de 7 fr. 60 environ. **La..... Prévoyante de France** peut promettre 5,000 francs pour 60 francs par an payés en douze fois. Pas de comparaison possible.

La nouvelle Association a naturellement profité de l'expérience de ses devancières. Elle réalise ce qu'aucune d'elle n'avait atteint.

Nous ne pouvions rester indifférents à cette fondation de solidarité pratique qui correspond à nos préoccupations les plus chères, en réparant ce que la charité humiliante et stérile réussit à peine à soulager.

JOURNAL DE SAINT-DENIS

Cette combinaison est près de trois fois moins chère que les primes des compagnies d'assurances.

LE ROSIER DE MARIE

L'abbé Quéant, ancien curé-doyen d'Asfeld, dans une brochure qui a eu un long retentissement, s'exprimait ainsi : « Quand l'humanité met en lumière des idées sages et élevées, c'est un devoir pour la Religion de lui prêter son appui. »

Nous sommes entièrement de l'opinion de l'abbé Quéant.

Le système de **La..... Prévoyante de France** est simple ; il est aussi limpide et intelligent. Avec lui, plus de tarifs à consulter comme pour les assurances sur la vie ; plus de visite de médecin ou de police coûteuse ; un simple payement à chaque décès, le même pour tous les adhérents du même groupe et suivant la catégorie choisie. La somme à toucher est de 5,000, 10,000, 25,000 ou 50,000 francs.

L'Association d'assistance mutuelle ne s'occupe ni de politique ni de religion. Elle a un but philanthropique qui est son seul objectif : grouper les masses en une fédération humanitaire, et, elle est certaine que tous voudront répondre à son appel.

Nous devons remercier les fondateurs de nous avoir dotés d'une institution si morale et surtout de l'avoir entourée de toutes les améliorations que leur a suggérées l'expérience.

LA RÉPUBLIQUE DE L'OISE

Nous ne connaissons pas d'institution plus digne d'être encouragée, d'autant plus qu'elle peut servir les intérêts de tous.

L'EUROPE INDUSTRIELLE ET COMMERCIALE

Partout, en Europe, on a admis les principes de **La..... Prévoyante de France.** L'un des grands mérites de cette institution est qu'en réalité elle ne coûte presque rien.

L'ASSUREUR PARISIEN

Nous souhaitons bons succès à **La..... Prévoyante de France** et nous félicitons ses fondateurs d'avoir songé à démocratiser l'assurance sur la vie.

Enfin, nous ne pensons pouvoir mieux terminer nos citations qu'en reproduisant *in extenso* ce que disait, sur le système de **La Prévoyante de France,** dans son rapport du groupe de *L'Economie sociale,* à l'Exposition de 1889, un membre de l'Académie française, ancien ministre des finances, l'un de nos plus grands économistes assurément, M. **Léon Say :**

L'ÉCONOMIE SOCIALE

Les opérations d'assurances qui nous intéressent, sont *celles qui peuvent être faites au profit des ouvriers.* M. Léon Gaubert, qui a traduit naguère et étudié à fond les œuvres de Brentano, ne pouvait manquer de se rappeler et de nous rappeler le *postulatum* de ce célèbre professeur.

Les Assurances Mutuelles paraissent répondre mieux que les autres au *postulatum* en question.

Les avantages de la forme mutuelle sur l'autre sont la souplesse extraordinaire dont elle est susceptible et le nombre de combinaisons variées qu'elle peut offrir à sa clientèle.

Il faut le reconnaître, il était, à une certaine époque, dangereux de faire partie d'une assurance mutuelle parce qu'on ne savait pas à l'avance quel serait exactement le montant de la cotisation qu'on aurait à payer dans l'année. Il pouvait y avoir des écarts entre les cotisations des années successives, selon qu'il s'était produit plus ou moins de sinistres.

Mais on peut calculer maintenant très exactement la valeur de tous les risques et faire payer aux assurés des Mutuelles, des primes basses, qui toutes basses qu'elles soient, sont cependant des maxima.

L'aléa ne consiste plus dans un appel de fonds supplémentaire possible, il est au contraire dans la variabilité d'un remboursement, d'un boni à recevoir (*).

Il n'y a en un mot dans les Mutuelles qu'une seule personnalité, celle des assurés considérés comme un corps moral et constituant une personne civile. Il en est autrement des assurances de profit qui opposent la personne de l'assureur à celle de l'assuré et qui pourraient inscrire sur le fronton de leurs institutions, cette devise qu'un spéculateur romain avait écrite en mosaïque au seuil de sa demeure à Pompéi : *Salve Lucro*, salut au gain.

Léon Say.

Et maintenant la mauvaise foi et plus encore l'intérêt auront beau chercher et se mettre à la torture, rien ne prévaudra contre la réforme que vient d'introduire **La Prévoyante de France** dans l'assurance sur la vie. Elle repose sur deux bases indestructibles : *le bon sens et l'intérêt public :* rien au monde ne l'empêchera d'aboutir.

Mais pour obtenir ce résultat, les fondateurs de **La Prévoyante de France** ont besoin du concours d'hommes de cœur, de collaborateurs sérieux, dévoués à leurs semblables, à la société toute entière.

La Prévoyante de France n'étant pas une entreprise de spéculation, mais une grande famille, une œuvre humanitaire et de véritable utilité publique, nos collaborateurs n'exercent pas un métier; *ils sont*

(*) Tous les adhérents de **La Prévoyante de France** connaissent ce boni : c'est la rente viagère qui revient à chaque sociétaire après 20 ans de présence à l'Association.

les apôtres d'une idée aussi noble que généreuse.

Aussi le titre de Directeur de **La Prévoyante de France** est-il très recherché.

Si la mission de nos collaborateurs est noble, elle est aussi facile.

La combinaison de l'Association est tellement simple, tellement claire, qu'il suffit presque toujours de l'exposer pour qu'on en reconnaisse l'excellence.

Recueillir des adhésions et les conserver, voilà tout le travail. Pour ce faire, deux choses suffisent :

Être bien convaincus de l'excellence de l'œuvre.

Ne rien dissimuler aux personnes dont on sollicite l'adhésion.

En général, le public, et surtout le public français, ne va pas de lui-même aux Sociétés.

Nos collaborateurs devront donc faire des démarches nombreuses. Plus ils les multiplieront, plus ils recueilleront d'adhésions et plus ils auront la satisfaction du devoir accompli et des services rendus.

Qu'ils nous permettent ici quelques conseils : ils donnent d'excellents résultats à ceux qui les mettent en pratique.

Nos collaborateurs ne doivent jamais perdre de vue ni oublier que **La Prévoyante de France** n'est pas une affaire de spéculation, une entreprise commerciale : elle doit toujours, et en toute circonstance, être présentée sous son véritable aspect, c'est à dire comme une œuvre philanthropique, moralisatrice et sociale par excellence.

Dans ces conditions, il leur sera facile d'intéresser à **La Prévoyante de France** dans chaque localité quelques personnes sérieuses et honorables, conseillers municipaux ou autres, et d'en constituer une sorte de comité local ou départemental de patronage.

Nos collaborateurs voudront aussi rendre visite aux rédacteurs des journaux de toutes nuances et leur exposer notre œuvre. Il est rare que la Presse, toujours à la recherche de ce qui peut intéresser le public, refuse quelques lignes d'encouragement aux sociétés de secours mutuels et de prévoyance. Les concerts ou soirées au profit des pauvres d'une ville, pendant lesquels une conférence sur **La Prévoyante de France** peut être faite, donnent aussi d'excellents résultats.

Enfin une distribution d'imprimés intelligemment faite vient couronner le tout. Un excellent moyen de la pratiquer est celui-ci :

Chaque jour, selon le nombre d'agents ou de courtiers dont on dispose, faire remettre à domicile, sous enveloppe fermée, avec adresse personnelle, autant de fois *dix* circulaires de la Société qu'il y a d'agents : remettre les listes de ces adresses aux agents qui devront visiter les personnes et exiger qu'ils donnent, par écrit, au directeur ou sous directeur, le résultat de leurs visites et les réponses faites. Ce carnet de visite tenu au courant est indispensable : il est le meilleur auxiliaire de celui qui veut obtenir des résultats sérieux.

Avec le système de **La Prévoyante de France** aucune objection n'est possible ou du moins n'est irréfutable. Nous avons cependant voulu grouper ici les plus fréquentes afin de faciliter la tâche.

PREMIÈRE OBJECTION

Pourquoi s'assurer sur la vie ? Quand on est mort on n'a plus besoin de rien — ou bien — Je ne mourrai pas de sitôt, j'ai le temps.

Quand on est mort, on n'a plus besoin de rien, n'est pas une objection : ce n'est qu'un mot de farceur. Les personnes sérieuses, les chefs de famille véritablement dignes de ce nom, savent très bien que l'assurance sur la vie n'est pas instituée pour leur fournir des capitaux ou leur faire des rentes pour l'autre monde.

Quoi qu'on en dise, aujourd'hui en France, le *Après moi la fin du monde* a bientôt fini son temps et la grande préoccupation du père et de la mère, c'est l'avenir des enfants.

Mais en supposant même que l'avenir de la famille n'intéresse pas son chef, son avenir à lui l'intéresse sûrement. Or, **La Prévoyante de France** lui donne au premier chef cette garantie.

Je ne mourrai pas de sitôt, j'ai le temps.

Tant mieux, répondrons-nous à ce confiant, car si

nous savions qu'il doit mourir bientôt, l'Association hésiterait bien certainement à l'accepter.

Mais en est-il bien sûr qu'il ne mourra pas de sitôt?

Combien avant lui en ont dit autant et qui ne sont plus, malheureusement pour leur famille.

Et cependant, il assure sa maison contre l'incendie, cet escompteur de l'avenir. Il assure ses récoltes, ses bestiaux, etc. Pourquoi? Parce que, dit-il, on ne sait pas ce qui peut arriver. Or, sur 1.000 maisons, 960 échappent toujours à l'incendie, jamais elles ne sont détruites par le feu. Et sur 1.000 personnes, combien échappent à la mort?.... Aucune. Tôt ou tard tous nous y arrivons. N'est-il pas évident que de toutes les branches de l'assurance, la plus logique, la plus rationnelle, la seule qui soit d'une nécessité absolue, c'est sans contredit l'assurance sur la vie : elle a sa raison d'être 1,000 fois sur 1,000, quand les autres branches ne l'ont que dans une proportion variant de 40 à 80 fois pour 1,000.

Mais supposons même que la mort n'arrive pas de sitôt pour cet homme, ce qu'il ne sait pas ; une maladie incurable survient vite, et alors toute assurance est impossible. Enfin le sociétaire de **La Prévoyante de France** a toujours un bénéfice, même s'il vit longtemps, puisqu'après 20 ans il est certain de retrouver les économies qu'il aura faites, sans préjudice du capital à payer à ses ayants droit le jour de son décès.

DEUXIÈME OBJECTION

Je ne m'assure pas sur la vie, parce que ma femme ne veut pas.

Cette objection comporte deux réponses : le mari *refuse* parce que *sa femme ne veut pas*.

Répondons d'abord au mari.

Il mérite certainement des félicitations ce mari modèle qui ne veut pas désobéir à sa femme, aussi nous lui en adressons de bien vives et de bien sincères.

Mais.... car il y a un mais, obéirait-il à sa femme si elle lui défendait de remplacer un vêtement usé, ou de se garantir contre le froid, ou de déposer de temps à autre quelques économies à la caisse d'épargne.

Nous ne le croyons pas; et cependant tout cela n'est pas autre chose que de l'assurance.

Il se prémunit ce mari, contre une foule d'évènements qui arriveront ou n'arriveront pas, et il ne se prémunit pas contre le principal, le plus important, qui arrivera sûrement : **La Mort.**

Et vous, Madame, pourquoi ne voulez-vous pas que votre mari s'assure ?

Nous savons votre réponse, nous l'avons entendue tant de fois.

Vous aimez votre mari, l'idée de sa mort vous épouvante, vous ne voulez pas qu'il s'assure parce que vous rougiriez de toucher une indemnité que vous appelez le prix de son décès.

Ce sont là, Madame, de nobles sentiments qui vous honorent, mais c'est votre cœur qui vous les dicte, vous n'avez pas consulté votre raison. Consultons-la ensemble, voulez-vous? Deux cas sont possibles : vous avez des enfants ou vous n'en avez pas.

Si vous avez des enfants, *vous n'avez pas le droit*, excusez notre franchise, d'empêcher votre mari d'assurer leur avenir pour le jour où il leur manquera. En le faisant, vous assumez une responsabilité bien lourde, et plus tard, ils seront en droit de vous demander compte de la misère dans laquelle ils pourront se trouver. *Vous ne devez pas* engager l'avenir de vos enfants : votre conscience, votre raison, votre cœur de mère s'y refusent.

Si vous n'avez pas d'enfant, considérez l'Association comme une caisse d'épargne. Rien ne vous obligera à accepter, le jour du décès de votre mari, l'indemnité qui devra vous êtes versée. Vous serez toujours libre de ne réclamer que ses versements annuels, tout comme si vos économies avaient été placées à la caisse d'épargne. L'Association, soyez-en sûre, en sera très heureuse et acceptera votre proposition avec reconnaissance.

Mais, croyez-nous, Madame, on ne trouve plus guère maintenant, même dans l'Inde, de veuves inconsolables. Nous savons très bien que l'argent ne peut rien contre le chagrin, le temps seul en est le remède, mais il aide beaucoup à le supporter, du moins il dissipe les inquiétudes du lendemain.

Enfin, il y a un moyen très simple de tout concilier, Que votre mari, Madame, devienne sociétaire de **La Prévoyante de France,** et vous aussi ; de cette manière, pas plus que lui, vous n'aurez à rougir de recevoir une indemnité en cas de décès, puisque sociétaires tous deux, vous êtes sa garantie, et lui la vôtre.

Comme lui, vous représentez, dans la famille, un capital qui peut disparaître du jour au lendemain, et mettre votre associé de la vie dans un grand embarras. De plus, si vous avez des enfants, ils profiteront de deux capitaux ; si vous n'en avez pas, vos neveux et nièces béniront votre mémoire : mais dans tous les cas vous aurez fait une excellente opération, puisque vous vous serez, votre mari et vous, assuré à chacun une rente viagère pour votre vieillesse.

TROISIÈME OBJECTION

L'assurance sur la vie coûte trop cher.

Cette objection est la plus sérieuse, et franchement, avant l'œuvre humanitaire entreprise par **La Prévoyante de France**, nous devons avouer que le porte-monnaie de beaucoup de gens la rendait irréfutable.

Heureusement, elle ne l'est plus. C'est, en effet, un sacrifice bien lourd pour un employé qui gagne 200 francs par mois, de verser par an 300 ou 350 francs, pour garantir aux siens une somme de 10,000 francs le jour de son décès. Ce sacrifice est d'autant plus lourd qu'il est fait par le père de famille en pure perte pour lui-même, puisque l'indemnité ne sera due que le jour de sa mort. Et cependant ce n'est pas tout.

Après avoir pensé à sa famille, en assurant son avenir, il a le devoir de penser à son avenir personnel : il lui faudra plus tard une retraite, une pension.

Combien lui coûtera cette retraite? Egalement de 300 à 350 francs par an, pendant 20 ans.

Ces sommes allègent bien le maigre budget annuel, et nous comprenons qu'un père de famille hésite à s'imposer de si lourdes charges.

Heureusement, le système adopté par **La Prévoyante de France**, vient donner à ce modeste employé le moyen d'obtenir ces deux garanties indispensables.

En entrant dans cette grande famille, il versera, chaque fois qu'un de ses co-sociétaires viendra à mourir, pour la veuve et les orphelins, une somme minime. A son tour, le jour de son décès, s'il survient prématurément, les autres membres verseront, à sa veuve et à ses enfants, leurs cotisations, qui, réunies, donneront un capital. Dans tous les cas, s'il n'est pas mort dans vingt ans, il recevra une rente viagère qui le dédommagera de ce qu'il aura versé pour les orphelins de ses co-sociétaires décédés.

Et combien, à 40 ans, versera-t-il annuellement pendant 20 ans, pour la garantie de ses deux avenirs?

150 francs au lieu de 455 francs

pour un capital de 10,000 francs.

75 francs au lieu de 227 francs

pour un capital de 5,000 francs.

Enfin ces sommes de 150 ou de 75 francs sont payables par fractions insignifiantes, sans que le budget de la famille en souffre. Le sociétaire ne s'aperçoit même pas qu'il paye.

QUATRIÈME OBJECTION

LA PRÉVOYANTE DE FRANCE ne peut offrir de garanties sérieuses. Ses tarifs sont trop faibles. La différence entre ses tarifs et ceux des compagnies ordinaires est beaucoup trop grande.

Voilà, va-t-on nous dire, une objection irréfutable.

Non seulement elle n'est pas irréfutable, mais nous avouerons même qu'elle est celle que nous préférons entendre. Lorsque nous l'entendons en effet, c'est que nous nous trouvons en face d'une personne qui raisonne, qui n'a pas de parti-pris, et qui est convaincue de l'excellence de l'assurance sur la vie. Il suffit pour obtenir son adhésion, de lui prouver que les garanties offertes par **La Prévoyante de France** sont,

de toutes, les plus sérieuses :

c'est ce que nous allons faire.

Les meilleures preuves sont celles qui reposent sur des chiffres : nous ne nous servirons donc que de chiffres, chacun pourra les contrôler et refaire nos calculs.

Tout d'abord, disons que cette objection est faite par deux sortes de personnes : celles qui sont de bonne foi et celles qui ne le sont pas. De celles-ci, nous ne nous occupons pas ; l'intérêt seul les guide, et il n'y a rien à faire avec un individu à qui. pour un louis, on peut faire dire qu'il fait nuit à midi et jour à minuit : on laisse ces gens là au ban de la société. Nous ne répondons qu'aux gens de bonne foi.

Beaucoup de personnes, et même des plus intelligentes, s'imaginent que les meilleures compagnies, celles qui offrent le plus de garanties, et les seules, par conséquent, à qui l'on doive s'adresser pour contracter une assurance sur la vie, sont celles dont les actions sont le mieux cotées, dont les prospectus portent le plus grand nombre de millions.

Rien n'est plus faux.
Le capital versé par des actionnaires ne garantit absolument rien aux assurés,

pas plus que les autres millions avec lesquels on jongle si facilement. Pour s'en convaincre, il suffit de jeter un coup d'œil sur un compte-rendu des opérations annuelles d'une compagnie quelconque.

En voici un pris au hasard dans un journal spécial d'assurances.

La compagnie a été fondée au capital de cinq millions.

Supposons que les actions sont li.. ..es et que le capital social n'a pas dû être entamé pour l'organisation de la société, ce qui n'est pas probable, nous avons : 5 millions

La compagnie a encaissé comme primes : 3 id.

Elle accuse un fond de réserves de : 23 id.

C'est donc un total de garanties de 31 millions

Mais veut-on savoir combien la société elle-même garantit à ses assurés ?

87 millions.

Il y a donc dans cette société, complètement en dehors de toute garantie matérielle,

56 millions.

Est-ce à dire que les actionnaires interviendront pour les garantir ? *Absolument pas.* Ils ne peuvent en aucune façon être engagés au delà de leur souscription : et ces 56 millions n'ont d'autre garantie que l'honorabilité de l'administration, et la bonne direction de la compagnie : ils n'ont, en d'autres termes,

qu'une garantie morale.

Il est donc bien évident qu'un capital-action n'est d'aucune garantie pour les assurés.

Nous allons plus loin et nous disons : **non seulement les actionnaires ne garantissent pas les assurés, mais le contraire existe : ce sont les assurés qui garantissent le capital versé par les actionnaires, et nous le prouvons.**

Pourquoi les actions de certaines compagnies restent-elles à leur prix d'émission, quelquefois même descendent-elles en dessous, tandis que les actions d'autres compagnies sont cotées 100, 200 fois et plus le prix d'émission.

Tout simplement parce que les assurés sont plus nombreux d'un côté que de l'autre. *C'est le dividende qui fait monter l'action.*

Qui paie le dividende?

L'Assuré.

La statistique, et pas une statistique d'un jour ni d'une année, mais d'un siècle, puisqu'elle a pris naissance en même temps que l'assurance sur la vie, constate que dans les Compagnies montées par actions, *33 pour cent seulement des primes versées servent à régler les décès.* C'est à dire que pour payer 33 francs à la veuve d'un assuré, on lui a demandé 100 francs annuellement et ce, pendant tout le temps qu'il a été assuré.

Un exemple : M. X... a 40 ans. Il contracte à une compagnie à capital-actions un contrat d'assurance en cas de décès de 20,000 francs à primes temporaires payables pendant 20 ans. Il paye chaque année

910 francs.

La compagnie prélève sur cette somme 33 pour cent, soit

300 francs

qu'elle verse dans la caisse des sinistrés.

Cette somme suffit, dit-elle, pour régler les sinistres : mais alors pourquoi demander chaque année à M. X... 910 francs, soit

600 francs en trop.

Pourquoi? Mais pour garantir le capital des actionnaires et leur servir des dividendes.

L'assurance sur la vie, ainsi pratiquée, n'est qu'une affaire de spéculation. Pour que les fondateurs d'une compagnie à capital-actions vendent leurs titres avec une plus-value, il faut de gros dividendes; pour que les dividendes soient gros, il faut que les assurés les paient. Alors les actions sont vendues avec des bénéfices fabuleux. Si encore ces bénéfices servaient aux assurés, puisque ce sont eux qui les produisent, ou du moins s'ils étaient versés dans une caisse de prévoyance ou de retraites!... Mais non : les actionnaires les empochent.

Qu'on ne vienne pas nous dire que la plus grande partie de ces sommes est versée dans une *caisse* dite des **réserves,** pour servir de surplus de garanties aux assurés.

Car alors nous demanderons : 1° A qui appartient la *Caisse des réserves ?* 2° A quoi sert la *Caisse des réserves ?*

La *Caisse des réserves* appartient exclusivement

aux actionnaires;

La *Caisse des réserves* ne sert absolument à rien ;

on n'y touche jamais.

Donc cette manière de pratiquer l'assurance sur la vie, est une véritable exploitation de l'assuré : elle détourne et immobilise, dit avec raison, un de nos assureurs les plus distingués, M. Gobbe, nos capitaux, au détriment du commerce, de l'industrie et de l'épargne nationale.

Remarquons bien ceci : les actionnaires des quatre soit disant plus grandes compagnies françaises, *La Générale, L'Union, La Nationale* et *Le Phénix,* **n'ont versé, comme capital social, que**

3 millions huit cent mille francs

et de 1886 à 1891, c'est à dire pour une période de cinq années seulement, il leur à été distribué, comme dividendes

34 millions neuf cent trente mille francs

c'est-à-dire

920 francs pour cent du capital versé.

Encore une fois, qui a payé? *Les Assurés*.

Que dire de ces Messieurs les actionnaires, qui ne sont pas satisfaits encore, puisqu'ils viennent d'augmenter les tarifs (quand ils auraient dû les diminuer), au moment précis où l'on constate une amélioration sensible dans l'hygiène publique et un relèvement notable dans la moyenne de l'existence humaine.

Et cependant, si chaque année, depuis vingt ans, on voit les actions et les dividendes des dites compagnies à *capital-actions*

monter

avec une rapidité vertigineuse, on voit avec la même rapidité

descendre

la répartition des bénéfices faite aux assurés; à ce

point qu'en 1890, une compagnie a pu donner *à ses actionnaires*

964 francs pour zéro franc,

les actionnaires n'ayant rien versé, et *à ses assurés*

1 fr. 05 pour 100 francs.

Inutile, n'est-ce pas, de chercher d'autres preuves pour démontrer que dans les compagnies à capital-actions l'intérêt des actionnaires est tout à fait opposé à celui des assurés ; les premiers encaissent d'autant plus que les seconds versent davantage.

N'est-il pas plus pratique, plus rationnel, plus simple, de se passer d'actionnaires,

puisqu'ils ne servent à rien

sinon à augmenter les primes dans des proportions considérables.

Que le système de **La Prévoyante de France** est bien plus logique. Tous les intérêts sont les mêmes. Les sociétaires sont actionnaires, bénéficiaires, assureurs et assurés tout à la fois : chacun ne paie exactement que ce qu'il faut pour le garantir, et encore ne verse-t-il sa cotisation que quand un sociétaire de son groupe vient à mourir. Les bénéfices restent sa propriété, et au lieu de grossir les dividendes d'actionnaires inutiles, les adhérents se les répartissent à eux-mêmes.

Ce n'est pas tout. Nous prétendons que la garantie offerte par le système de **La Prévoyante de France** est non seulement aussi sérieuse que celle offerte par les compagnies à capital-actions, mais

qu'elle lui est supérieure.

La *garantie matérielle*, celle que l'on est convenu bien à tort de faire résider dans un capital statutaire de plusieurs millions, appuyé par une *caisse des réserves* où l'on fait naître et grandir d'autres millions à vue d'œil, ne peut exister nulle part, nous venons de le prouver, puisque tous ces millions sont la propriété exclusive de quelques heureux actionnaires.

Mais, dans toute opération d'assurance, il y a une autre garantie que nous avons appelée

Garantie morale.

Or, nous venons de dire qu'à **La Prévoyante de France,** elle est supérieure. En voici deux preuves : la première est toute entière dans la communauté d'intérêts de tous ceux qui en font partie. Le contraire existe dans les compagnies à capital-actions, les intérêts sont divisés : ceux des assurés sont toujours

en opposition directe

avec ceux des actionnaires.

Quand, dans une famille, un membre éprouve un malheur, les autres membres viennent à son secours.

Quand **La Prévoyante de France** dit au sociétaires d'un groupe : Monsieur X.. , votre co-sociétaire est mort, vous avez à verser chacun soit 60 francs, soit 30 francs, soit 12 francs, soit 6 francs, pour sa veuve et ses orphelins, aucun ne refuse, car tous savent que lorsque la mort les frappera, on agira de même envers les leurs.

La Prévoyante de France n'encaisse aucune prime ; ses Administrateurs ne sont que les mandataires de tous les sociétaires ; son Directeur, qui peut être considéré comme le chef d'une grande famille, n'est là que pour avertir, quand un décès se produit, que tous doivent venir au secours de la famille éprouvée.

La seconde preuve que la garantie offerte par **La Prévoyante de France** est supérieure se trouve dans le rapport adressé par la Commission Gouvernementale de Surveillance des Compagnies d'assurances à M. le Ministre du commerce, après examen des statuts de **La Prévoyante de France.**

Nous copions textuellement :

« On comprend que dans les assurances » en cas de décès qui comportent des » engagements à longs termes, contractés

» par un assureur qui peut, à un moment
» donné, devenir insolvable, une régle-
» mentation s'impose en vue de sauve-
» garder les intérêts du public, mais dans
» l'espèce (à **La Prévoyante de France**),

LES ASSURÉS NE COURENT AUCUN RISQUE,

» puisque le capital statutaire est formé
» au moment du décès par chaque adhé-
» rent survivant du groupe auquel appar-
» tenait le défunt, et délivré immédiate-
» ment à ses ayants droit. »

Une affirmation aussi nette, aussi catégorique ne peut évidemment laisser subsister aucune hésitation, aucun soupçon. Les plus timorés seront rassurés.

Ce certificat de garantie délivré à **La Prévoyante de France** par des hommes dont personne ne contestera la compétence ni la valeur, vaut bien, ce nous semble, le mirage de quelques millions inutiles avec lequel les compagnies à capital-actions essayent d'éblouir les naïfs.

Du reste, au risque de nous répéter, disons-le encore bien haut : **La Prévoyante de France** n'est pas une affaire de spéculation, une opération financière, c'est une œuvre philanthropique, humanitaire par excellence. C'est là que réside toute entière la *garantie morale* des sociétaires, la seule possible, toute autre n'étant qu'un leurre.

C'est ce qui fait qu'aucune cause de déchéance n'est invoquée contre l'adhérent que la maladie, l'accident mettent momentanément dans l'impossibilité d'effectuer ses versements. L'article 22 des statuts est formel sur ce point : Il peut toujours se libérer sans que son titre en souffre, ce qui n'existe pas dans les compagnies à capital-actions où, dans ce cas, le contrat est

toujours

annulé ou réduit, sans qu'il soit tenu aucun compte du malheur de l'assuré.

Enfin, que l'on nous permette de citer malgré sa longueur peut-être, un extrait du Chapitre XL. *Assurances sur la vie*, de l'excellent **Guide du rentier** publié par une société de Capitalistes sous la direction de M. F. A. Monnin.

. . . . ; — la fortune est toujours aveugle comme autrefois ; l'association des capitaux, la mutualité, la coopération, l'assurance offrent les plus sûrs moyens de se mettre en partie à l'abri de ses caprices et de ses coups redoutables.

Nos grandes compagnies françaises sont bien administrées et d'une incontestable probité ; elles tiennent partout et toujours leurs engagements ; *malheureusement* elles suivent le système par actions ; de là, des primes élevées pour couvrir les risques,

payer les intérêts

du capital de garantie et créer des bénéfices aux actionnaires **qui gardent pour eux tout le surplus des primes.** Ce capital de garantie est fort lourd à porter et à satisfaire ;

Il ne sert vraiment pas à grand' chose (*)

si les associés sont nombreux et les statuts sages et observés. **La force réelle de l'assurance,**

c'est la mutualité.

Cette mutualité existe sans aucun doute dans toutes nos compagnies comme dans les compagnies étrangères : mais, chez nous, elle a opéré un peu trop au bénéfice d'un petit nombre de privilégiés.

Mieux vaut la mutualité telle que l'entendent les Américains et les Anglais ; ils veulent que chaque assuré faisant partie d'une compagnie d'assurances sur la vie mutuelle à primes fixes, soit son propre capitaliste ou actionnaire au moyen du paiement de la prime annuelle ; les bénéfices se répartissent entre tous.

L'expérience confirme ici la justesse de la théorie.

On remarquera, dit M. de Saint-Ainay, dans son ouvrage : *Des Assurances mutuelles sur la vie*, que les pays où le principe de l'Assurance a pris son plus grand développement, s'est le mieux vulgarisé : **sont précisément ceux qui se trouvent dotés du plus grand nombre de Compagnies mutuelles.**

(*) Nous avons prouvé qu'il ne sert absolument à rien, et que de plus il est contraire aux véritables intérêts des assurés.

Ainsi on compte :

Aux Etats-Unis. . . .	1 assuré sur	34	habitants
En Angleterre	1 »	48	»
En Allemagne	1 »	129	»
En France.	1 »	360	»

En Allemagne il y a sept compagnies mutuelles fondées de 1827 à 1844, avec un actif de 150 millions 150,091 francs et une recette annuelle de 32 millions 071,938 francs.

En ne mentionnant que celles qui comptent plus de vingt ans d'existence, nous en trouvons 22 en Angleterre : une fondée en 1762, trois de 1806 à 1815; dix de 1823 à 1835; huit de 1836 à 1852. L'actif de ces compagnies s'élève à 1 milliard 7 millions 619,750 francs et leurs recettes annuelles à 129 millions 552,175 francs.

Les Etats-Unis en possèdent onze fondées de 1835 à 1857. Leur actif s'élève à 1 milliard 161 millions 612,580 francs, soit une moyenne de plus de cent millions, et leurs recettes annuelles montent à 284 millions 480,435 francs.

Bien qu'il existe 39 compagnies d'assurances sur la vie par actions, **les onze compagnies mutuelles** à primes fixes, réalisent aujourd'hui

les deux tiers des contrats en cours.

La Review de Londres (journal de l'assurance), dans un article concernant l'assurance mutuelle sur la vie, aux Etats-Unis, dit :

« Aucune de ces Compagnies mutuelles n'a jamais été insolvable et n'a jamais manqué de remplir ses engagements. »

Que va-t-on dire maintenant de la *Mutualité* de

La Prévoyante de France, si des éloges semblables ont pu être décernés avec justice aux *Mutualités* anglaise et américaine ? Car la mutualité de
La Prévoyante de France ne ressemble en rien
à celles des compagnies étrangères. Notre mutualité
est pure, elle est la seule vraie, l'unique ; elle ne
demande à chaque sociétaire que juste ce qui est
nécessaire pour indemniser la famille du décédé de
la perte qu'elle a éprouvée. Tandis qu'aux compagnies étrangères, qu'il y ait décès ou pas, les adhérents paient quand même leurs primes à peu de chose
près égales à celles des compagnies à capital-actions.

La Mutualité de **La Prévoyante de France**
l'emporte sur les Mutualités anglaise et américaine
autant que la lumière du soleil l'emporte sur la
lumière de la lune.

Et, si de nos jours, les véritables associations
mutuelles sont encore en butte aux détractions et aux
attaques, c'est parce que d'abord on ne veut pas se
donner la peine de les étudier, c'est parce qu'ensuite les
capitalistes et les journaux à leur solde, voient d'un
mauvais œil le développement de la Mutualité qui,
chaque jour, leur enlève un nombre considérable
d'affaires et partant les prive de dividendes fabuleux.

Dans les compagnies à capital-actions ,

les assurés ne sont rien,

ils paient, et. . . . . c'est tout!!!
on nous accordera que c'est bien peu.

Dans la véritable mutuelle **La Prévoyante de France,**

les assurés sont tout,

la différence est sensible.

CINQUIÈME OBJECTION

Comment, avec des cotisations annuelles aussi faibles, les sociétaires survivants de LA PRÉVOYANTE DE FRANCE peuvent-ils espérer une rente viagère après 20 ans, ou un capital correspondant ?

D'abord, ce ne sont pas les cotisations de **La Prévoyante de France** qui sont trop faibles : ce sont les primes des Compagnies à capital-actions qui sont inutilement majorées d'une manière scandaleuse : nous l'avons prouvé.

Quant à la rente viagère des sociétaires de **La Prévoyante de France,** elle est mathématiquement assurée. *Les cotisations de décès* sont **toujours supérieures** *aux indemnités de décès :* Il y aura donc excédant dans les caisses de la *Banque de France.*

C'est cet excédant qui assure la rente viagère des survivants après 20 ans : nous allons l'établir pour un groupe de chaque catégorie.

TABLEAU des sommes qui restent en dépôt à la BANQUE DE FRANCE après un décès de chaque catégorie

1re CATÉGORIE

RECETTES

500 sociétaires de 1re classe à 60 f.	= 30,000					
250 » 2e » 70 f.	= 17,500	67,500 »			
250 » 3e » 80 f.	= 20,000				

DÉPENSES

Frais de recouvrement 5 %. . . 3,375 »   53,375 »

Indemnités de décès. . . . . . 50,000 »

14,125 »

2e CATÉGORIE

RECETTES

500 sociétaires de 1re classe à 30 f. = 15,000

250 » 2e » 35 f. = 8,750   33,750 »

250 » 3e » 40 f. = 10,000

DÉPENSES

Frais de recouvrement 5 %. . 1,687 50   26,687 50

Indemnités de décès. . . . . . 25,000 »

7,062 50

3e CATÉGORIE

RECETTES

500 sociétaires de 1re classe à 12 f. = 6,000

250 » 2e » 14 f. = 3,500   13,500 »

250 » 3e » 16 f. = 4,000

DÉPENSES

Frais de recouvrement 5 %. . . 675 »   10,675 »

Indemnités de décès. . . . . . 10,000 »

2,825 »

4e CATÉGORIE

RECETTES

500 sociétaires de 1re classe à 6 f. = 3,000

250 » 2e » 7 f. = 1,750   6,750 »

250 » 3e » 8 f. = 2,000

DÉPENSES

Frais de recouvrement 5 %. . 337 50   5,337 50

Indemnités de décès. . . . . . 5,000 »

1,412 50

Total des excédants pour **UN DÉCÈS**. . . 25,425 fr.

Si nous admettons la moyenne de 10 décès par mille, soit par groupe, nous obtiendrons à la *Caisse de Retraites* pour un

Groupe de 1re catégorie . .		141,250 francs.
» 2e » . .		70,625	»
» 3e » . .		28,250	»
» 4e » . .		14,125	»
Soit un total de.		254,250 francs.

Ces sommes appartiennent à tous les Sociétaires : **elles ne peuvent être ni retirées, ni obérées;** elles sont capitalisées annuellement.

Elles sont, en outre, appelées à se répéter et à se multiplier à l'infini parce que les sociétaires de **La Prévoyante de France** sont appelés à devenir légion.

La France Prévoyante ne compte-t-elle pas, après moins de sept ans d'existence, 60,000 adhérents; *Les Prévoyants de l'Avenir* sont aujourd'hui 180,000 ; les sociétaires de *La Prudential* (Angleterre) touchent à leur dixième million. Pourquoi **La Prévoyante de France,** qui offre de si grands avantages et de si sérieuses garanties **ne serait-elle pas d'ici peu de temps au rang des premières institutions sociales de France?**

SIXIÈME OBJECTION

Le système de LA PRÉVOYANTE DE FRANCE est excellent, je le reconnais ; mais si au lieu du chiffre moyen des décès pour 1000 sociétaires, il en survient le double...

D'abord, il n'y a aucune raison pour que les décès soient plus nombreux parmi les adhérents de **La Prévoyante de France** que parmi les assurés des compagnies, voir même que parmi la population générale, en tenant compte des malades, des infirmes, etc., etc..

Or, le tableau suivant, établi par le docteur Bertillon, dans le Grand Dictionnaire Encyclopédique des Sciences Médicales en cent volumes, Tome IX, page 741, article Mortalité (*), donne la moyenne des

(*) Nous faisons remarquer que chaque fois que nous donnons une citation, nous fournissons tous les détails qui peuvent être utiles à nos lecteurs, afin qu'ils puissent se rendre compte par eux-mêmes de son exactitude. Nous les prions même de ne rien accepter sans contrôle et de vérifier ce qu'on leur dit. De **vérifier**, avons-nous dit, et non pas **de faire vérifier** : rien ne vaut ni n'éclaire comme les recherches personnelles. En assurance plusqu'en tout autre chose, il faut se méfier de ces amis (??) complaisants qui s'offrent à fournir des renseignements : ils ne sont **jamais** *désintéressés*

décès annuels par groupe d'âge de cinq ans et par mille habitants, *pendant une période de dix années consécutives.*

MORTALITÉ PAR AGE ET PAR SEXE

ou bien

par 1,000 habitants de chaque groupe d'âge et de chaque sexe, combien de décès annuels ?

AGES	HOMMES	FEMMES	DEUX SEXES
20 à 25	10,60	9	9,78
25 à 30	8,40	9,20	8,80
30 à 35	8,44	9,80	9,11
35 à 40	9,03	9,86	9,41
40 à 45	11,18	11,04	11,10
45 à 50	13,41	12,09	12,75
50 à 55	18	16,05	17,03
55 à 60	24,05	21,40	22,70

La moyenne totale est donc, pour la période de 20 à 60 ans, exactement de 12,71 pour mille.

On nous accordera bien que sur mille personnes, il en meurt quatre par suite d'infirmités, par conséquent qui ne sont pas admises au nombre des sociétaires de **La Prévoyante de France,** nous n'exagérons rien.

Que reste-t-il comme moyenne de décès? **HUIT**...

Mais voici qui est peut-être plus concluant encore. Ce sont des chiffres toujours, et des chiffres fournis par le Comité lui-même des Compagnies françaises d'assurances sur la vie.

Des tables dressées par ce Comité et admises à l'*Exposition universelle* de 1889, indiquent une moyenne de 12 décès par an et par mille assurés pour les 50 dernières années.

Or ces tables concernent des Compagnies qui acceptent des assurés jusqu'à 65 ans.

La Prévoyante de France n'accepte ses sociétaires que jusqu'à l'âge de 55 ans. Est-ce trop exiger que de demander 4 décès par 1000 pour les assurés de la période comprise entre 55 et 65 ans? Certes non : le tableau du docteur Bertillon le prouve. Alors que reste-t-il comme moyenne de décès?

Huit, toujours huit.

Enfin, la moyenne des décès dans les Compagnies américaines a été pour une période de 40 ans, de 1859 à 1890, de 9,63 pour 1,000 assurés.

Mais admettons un instant que cette moyenne soit plus que doublée et qu'au lieu de Huit décès par mille il s'en produise vingt : les adhérents de **La Pré-voyante de France** feront encore un bénéfice extraordinaire.

Revenons encore aux chiffres : rien de plus brutal, mais aussi rien de plus concluant.

M. X... s'assure à 35 ans, à une Compagnie à capital-actions pour 25,000 francs, à primes temporaires payables pendant 20 ans

Il paiera annuellement, avec les nouveaux tarifs,

1,138 fr. 50.

Sociétaire de **La Prévoyante de France** en deuxième catégorie, même *avec 20 décès par an*, M. X... paiera annuellement

625 francs.

Différence par an : **513 fr. 50.**

Mais que les sociétaires de **La Prévoyante de France** se tranquillisent. Les statistiques n'ont pas été faites spécialement pour eux : elles sont générales et servent depuis longtemps de base à toutes les sociétés de retraites, d'épargne, de secours mutuels, et d'assurances.

Nous avons sous les yeux plusieurs comptes-rendus qui prouvent nos dires.

L'une qui accepte ses adhérents de 15 ans jusqu'à

60 ans, n'accuse que 5 décès pour 1000, l'autre 1 décès pour 350 assurés. Nous pourrions citer cinquante exemples de ce genre.

Quant au grand mot *d'épidémie*, que les gens de parti-pris essayent d'exploiter contre le système de **La Prévoyante de France**, il est complètement vide. Les épidémies sont locales, et nos groupes sont formés d'adhérents de toutes les régions. Dans ces conditions, quelle influence l'épidémie peut-elle avoir? Absolument aucune.

Du reste, l'épidémie peut exister pour *toutes* les compagnies et

nous les défions toutes,

quelles qu'elles soient, de résister à une épidémie générale.

L'épidémie, au lieu d'être une objection, confirme et prouve l'excellence du système de **La Prévoyante de France.**

SEPTIÈME OBJECTION

Je reconnais l'excellence du système de LA PRÉVOYANTE DE FRANCE, mais je ne puis devenir son sociétaire, car je voudrais moi-même profiter du capital dans 20 ans, si je vis, ou en faire profiter ma femme et mes enfants le jour de mon décès, si je meurs auparavant.

Le désir exprimé par cette personne paraît à première vue tout naturel, et cependant il va bien à l'encontre de l'intérêt de celui qui l'exprime.

La combinaison d'assurance demandée ci-dessus est celle que l'on appelle dans le métier *Assurance Mixte*.

Or, *l'assurance mixte est l'opération la plus désastreuse que puisse faire un assuré* à quelque compagnie que ce soit. Le jour où le public comprendra son intérêt, cette combinaison disparaîtra forcément : personne n'en voudra plus à aucun prix.

Les chiffres encore, ces maudits chiffres, le prouvent.

M. X... contracte, à 35 ans, pour 20 ans, une

assurance mixte de 25,000 francs. Il paye chaque année 1,306 fr. 25.

Or, dans 20 ans, M. X... sera mort ou vivant : c'est *l'un ou l'autre et non pas l'un et l'autre.* Cependant il paye pour l'un et l'autre, c'est-à-dire pour deux cas qui ne *peuvent pas* se produire simultanément.

Si M. X... meurt six mois avant l'expiration de son contrat, sa famille recevra 25,000 francs. S'il ne meurt pas, il recevra lui-même les 25,000 francs. Mais dans les deux cas, combien aura-t-il payé ?

26,125 francs.

Sa famille, ou lui, aura donc perdu

1,125 francs,

plus les intérêts des versements annuels. Si M. X... avait été mieux renseigné, il se serait contenté d'une assurance en cas de décès. Car s'il meurt, les 25,000 francs versés à sa famille ne lui auraient coûté que 759 francs par an ; s'il ne meurt pas, la caisse d'épargne lui rendra le même service qu'une compagnie d'assurance : là au moins, il retrouvera complètement ce qu'il a versé, et les intérêts en plus.

N'avions-nous pas raison de dire que *l'assurance mixte* est la plus mauvaise opération qu'un assuré puisse faire ?

Maintenant que M. X... nous permette un conseil.

Il peut chaque année faire 1,306 fr. 25 d'économie. Qu'il fasse partie de **La Prévoyante de France** en première catégorie. Il versera annuellement

650 francs

et garantira aux siens un capital de

50,000 francs

pour le jour de son décès.

Il restera donc par an 656 fr. 25; qu'il les place à intérêts composés pendant vingt ans, il en retirera en chiffres ronds 20,000 francs. Donc, pour la même somme qui lui garantissait 25,000 francs seulement, que M. X... meure six mois avant l'expiration des vingt ans ou qu'il ne meure pas, sa famille et lui sont toujours certains d'obtenir

70,000 francs.

Et encore, dans ce calcul, nous négligeons la rente viagère à laquelle aura droit M. X... après vingt ans de présence à la Société.

HUITIÈME OBJECTION

Je suis sociétaire de LA PRÉVOYANTE DE FRANCE, mais qui me prouve que les excédents de recettes seront placés en titres sûrs, garantis par l'État ?

Les statuts de l'Association d'abord, puisque toute opération de spéculation est interdite et que tous les fonds sont déposés à la Banque de France.

Du reste, quand une association a à sa tête, un Conseil d'administration composé d'hommes aussi honorables que **La Prévoyante de France,** les Sociétaires n'ont aucune crainte, aucun soupçon même de crainte, à avoir.

Mais si cependant un doute se glissait dans quelques esprits, nous allons ajouter à cette première garantie, qui n'est que morale, une seconde garantie qui est bien matérielle, celle-là.

C'est LA LOI.

Entr'autres obligations imposées aux Sociétés mutuelles par le projet de loi déposé en 1881, il convient de signaler les suivantes, qui certainement dissiperont tous les doutes et rassureront les esprits les plus timorés.

I. La publicité de la totalité des opérations.

II. La production des comptes-rendus des opérations à un conseil supérieur dont le Président est toujours M. le Ministre de l'Intérieur, et dans lequel entrent deux médecins et deux actuaires.

III. La nécessité de faire connaitre tous les ans, tous les cas de maladies, d'accidents, de décès, etc.

IV. La nécessité de prévoir et d'insérer à l'avance dans les statuts l'emploi des cotisations, les modes de placement des fonds, les prélèvements à faire sur les cotisations, etc. etc.

C'est assez complet, croyons-nous, et nous ne pensons pas que cette loi puisse laisser une hésitation à qui que ce soit. Elle est bien formelle. La même loi proclame de plus que, *parmi les institutions philanthropiques, il n'en est pas de plus intéressantes que les sociétés d'assistance mutuelle.*

Enfin, qu'on veuille bien relire à la page 33 l'extrait du rapport adressé à M. le Ministre du Commerce par la Commission gouvernementale de surveillance des compagnies d'assurances, après examen des statuts de **La Prévoyante de France.**

NEUVIÈME OBJECTION

LA PRÉVOYANTE DE FRANCE est une tontine, et les tontines ne jouissent pas d'une excellente réputation.

Cette objection ne peut être faite que par les personnes qui n'ont pas lu nos statuts. *Non*, **La Prévoyante de France** *n'est pas une tontine*.

Une tontine est la réunion d'un certain nombre de pères de famille qui s'engagent à verser annuellement, pendant 15 ou 20 ans, une somme fixée d'avance. A l'expiration de la date prévue, les bénéfices sont partagés entre les survivants.

A cette manière d'opérer, il y a deux objections à faire.

D'abord, s'il n'y a pas de bénéfices, le partage ne s'effectuera que sur les sommes versées annuellement... si elles existent encore! Le père de famille n'avait aucunement besoin de recourir à la tontine pour faire fructifier ses économies.

En second lieu, la tontine ne garantit absolument rien, au contraire, elle est souvent un surcroît de charge pour la famille.

Que M. X... verse, pour constituer une dot à sa fille, 300 francs par an à une tontine, et qu'après cinq ans de versements, il meure, laissant sa femme et ses enfants dans la gêne, qui effectuera les quinze versements à venir?

La famille n'aura même pas la ressource de retrouver les 1,500 francs versés. On avait promis à M. X... 15,000 francs, 20,000 francs peut-être. Que recevra sa famille?

Absolument rien.

Il aurait été bien mieux inspiré, M. X..., en s'adressant à **La Prévoyante de France.** Les 300 francs par an auraient fourni à sa famille 25,000 francs, sans préjudice d'une respectable rente viagère qu'il se serait constituée au bout de 20 ans, s'il était vivant.

Une autre différence encore à signaler et qui n'est pas la moindre.

La Prévoyante de France est représentée dans toutes les villes et communes importantes de France, par des hommes du pays, actifs, honnêtes, intelligents, des hommes généreux et dévoués que chacun connait, que l'on voit tous les jours et qui n'ont qu'un but : êtres utiles à leurs semblables.

Les agents des tontines ne sont que *des oiseaux de passage*, des courtiers que personne ne connaît.

Ils n'hésitent aucunement à promettre ce qu'ils sont certains d'avance de ne jamais pouvoir tenir. Mais peu leur importe, on ne les reverra plus dans la contrée : ils sont certains, dans ces conditions, de ne pas recevoir de reproches.

DIXIÈME OBJECTION

LA PRÉVOYANTE DE FRANCE ne m'offre aucune garantie quant à la somme à payer à mes ayants droit à mon décès. Mon groupe peut n'être pas complet le jour de ma mort, ma famille ne recevra donc pas la somme totale : dans ce cas je préfère payer plus cher à une compagnie à capital-actions et être certain du capital.

Nous voyons d'ici les braves défenseurs, *intéressés* ou *désintéressés* des grandes (?) et fortes (??) compagnies se frotter les mains. Voilà une objection qui a l'air sérieux, irréfutable : c'est le dada de la plupart des journaux à la solde des actionnaires.

Malheureusement c'est un dada fourbu.

Des chiffres, encore !!

Deux voisins, âgés de 35 ans, MM. X... et Y... peuvent verser chacun de 300 à 400 francs, de primes annuelles à une Compagnie d'assurances.

M. X.... contracte à une compagnie d'actionnaires une assurance de 10,000 francs en cas de décès à primes temporaires. Pendant 20 ans il paiera une prime annuelle de 410 fr. 30.

Retenons bien ces chiffres :

Prime annuelle 410 fr. 30.

Capital assuré 10,000 francs.

M. Y... est sociétaire de **La Prévoyante de France** et fait partie d'un groupe de la deuxième catégorie : capital 25,000 francs.

Ce groupe est complet ou il ne l'est pas.

Si le groupe est complet, a chaque décès M. Y... versera 30 francs. Or admettons même un nombre de décès supérieur à la moyenne annuelle et acceptons 10 décès pour mille, M. Y... versera annuellement 10 fois 30 francs soit 300 francs, d'où

Prime annuelle 300 francs

Capital assuré 25,000 francs

Si le groupe n'est pas complet?...

La proportion est exactement la même.

Le groupe de M. Y... ne contient que 500 membres? Les décès seront alors réduits de moitié ; nous en avons admis 10 pour mille, ils s'élèveront donc à 5. Les versements de M. Y... seront de 5 fois

30 francs, soit 150 francs; mais si M. Y... venait à décéder combien sa famille recevrait-elle ?

500 fois 30 francs, soit 15,000 francs d'où

Prime annuelle 150 francs
Capital assuré 15,000 francs

Combien faut-il au juste de membres présents dans le groupe de M. Y... pour qu'à son décès sa famille reçoive 10,000 francs ?

333

Combien, dans ces conditions, ces 10,000 francs auront-ils coûté annuellement à M. Y...?

100 francs.

Résumons :

COMPAGNIES à Capital-actions	LA PRÉVOYANTE DE FRANCE	
	Groupe complet 1000 adhérents	Groupe incomplet 333 adhérents
Prime annuelle	Prime annuelle	Prime annuelle
410 fr. 30	300 francs	100 francs
Capital assuré	Capital assuré	Capital assuré
10,000 fr.	25,000 fr.	10,000 fr.

Du reste, le tableau ci-dessous ne peut laisser aucun doute; ses chiffres sont extraits des tarifs des compagnies elles-mêmes.

TABLEAU COMPARATIF

des Primes à payer annuellement pendant 20 ans par les Adhérents de **La Prévoyante de France** et par les Assurés des Compagnies à capital-actions et ceux des Mutuelles américaines.

Age	Compagnies à capital	Mutuelles américaines	Prévoyante de France	Age	Compagnies à capital	Mutuelles américaines	Prévoyante de France
50,000 francs				**10.000 francs**			
21	1628	(*)	650	21	325,60	(*)	130
25	1716	1405	650	25	343,20	281	130
30	1864,50	1555	650	30	372,90	311	130
35	2051,50	1750	650	35	410,30	350	130
39	2227,50	1940	650	39	445,50	388	130
40	2277	1990	750	40	455,40	398	150
45	2563	2310	750	45	512,60	462	150
49	2849	2645	750	49	569,80	529	150
50	2931,50	2740	850	50	586,30	548	170
55	(**)	3330	850	55	(**)	666	170
60		4160	850	60		832	170
25,000 francs				**5,000 francs**			
21	814	(*)	325	21	162,80	(*)	65
25	858	702,50	325	25	171,60	140,50	65
30	932,25	777,50	325	30	186,45	155,50	65
35	1025,75	875	325	35	205,15	175	65
39	1113,75	970	325	39	222,75	194	65
40	1138,50	995	375	40	227,70	199	75
45	1281,50	1155	375	45	256,30	231	75
49	1424,50	1322,50	375	49	281,90	264,50	75
50	1465,75	1370	425	50	293,15	274	85
55	(**)	1665	425	55	(**)	333	85
60		2080	425	60		416	85

(*) Les Mutuelles américaines n'assurent pas avant l'âge de 25 ans.

(**) Après 50, ans les Compagnies à capital-actions n'assurent plus avec primes temporaires.

Et après ?

Après, nous n'avons plus rien à dire : on n'ajoute rien à des chiffres semblables : la conclusion arrive naturellement.

⁂

Mettons nous donc à l'œuvre avec confiance, collaborateurs ; notre but est noble, généreux : nous sommes les apôtres d'une idée philanthropique et humanitaire au premier chef. Propageons-la.

Plus tard, lorsqu'autour de nous, grâce à nos conseils, nous verrons régner l'aisance et le bien-être, nous éprouverons cette satisfaction intime de l'homme de cœur, celle du devoir accompli, des services rendus.

Elle en vaut bien d'autres.

A. BEDOY.

TABLEAU DES SOMMES A PAYER

par les Adhérents aux statuts de **La Prévoyante de France**

au moment de la remise de leur titre d'admission

CATÉGORIES selon capital	CLASSES selon l'âge	DROITS d'entrée (1)	COTISATIONS de gestion	COTISATIONS de décès	TOTAL du 1er versement
1re Catégorie	20 à 40 ans	50	50	60	160
	40 à 50 ans	50	50	70	170
50,000 francs	50 et au-dessus	50	50	80	180
2e Catégorie	20 à 40 ans	25	25	30	80
	40 à 50 ans	25	25	35	85
25,000 francs	50 et au-dessus	25	25	40	90
3e Catégorie	20 à 40 ans	10	10	12	32
	40 à 50 ans	10	10	14	34
10,000 francs	50 et au-dessus	10	10	16	36
4e Catégorie	20 à 40 ans	5	5	6	16
	40 à 50 ans	5	5	7	17
5,000 francs	50 et au-dessus	5	5	8	18

(1) Le droit d'entrée n'est payable qu'une fois seulement.

LILLE, IMP. A. MASSART, RUE DES PRÊTRES, 12

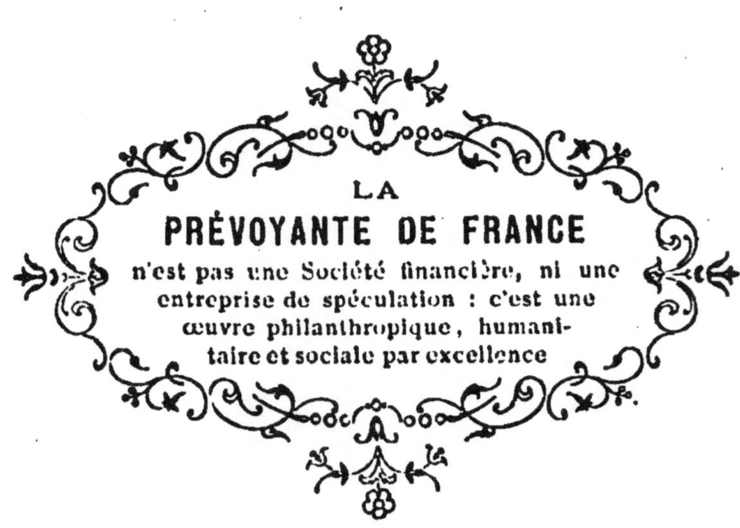

LA
PRÉVOYANTE DE FRANCE
n'est pas une Société financière, ni une
entreprise de spéculation : c'est une
œuvre philanthropique , humanitaire et sociale par excellence